Leona Dotterweich

Das museale Objekt - Konzeption, Transformation und Transition ausgehend vom Gebrauchsgut

GRIN Verlag

Bibliografische Information der Deutschen Nationalbibliothek:

Die Deutsche Bibliothek verzeichnet diese Publikation in der Deutschen National-
bibliografie; detaillierte bibliografische Daten sind im Internet über http://dnb.d-
nb.de/ abrufbar.

Impressum:

Copyright © 2007 GRIN Verlag GmbH
Druck und Bindung: Books on Demand GmbH, Norderstedt Germany
ISBN: 978-3-640-82015-3

Dieses Buch bei GRIN:

http://www.grin.com/de/e-book/133540/das-museale-objekt-konzeption-transfor-
mation-und-transition-ausgehend

GRIN - Your knowledge has value

Der GRIN Verlag publiziert seit 1998 wissenschaftliche Arbeiten von Studenten, Hochschullehrern und anderen Akademikern als eBook und gedrucktes Buch. Die Verlagswebsite www.grin.com ist die ideale Plattform zur Veröffentlichung von Hausarbeiten, Abschlussarbeiten, wissenschaftlichen Aufsätzen, Dissertationen und Fachbüchern.

Besuchen Sie uns im Internet:

http://www.grin.com/

http://www.facebook.com/grincom

http://www.twitter.com/grin_com

Ruprecht-Karls-Universität Heidelberg

Fakultät für Verhaltens- und Empirische Kulturwissenschaften

Institut für Ethnologie

Hauptseminar: Museologie II

Sommersemester 2007

Hausarbeit

Das museale Objekt

Konzeption, Transformation und Transition vom Gebrauchsgut ausgehend

„Es ist dem Ding wesentlich, der Bestandteil eines Sachverhaltes sein zu können. Die Gesamtheit der bestehenden Sachverhalte ist die Welt." (Wittgenstein 1922)

Abgegeben am

15.08.2007

Vorgelegt von:

Leona Dotterweich

5. Fachsemester

Inhaltsverzeichnis

1. Einleitung

In meiner Hausarbeit zum Thema „Das museale Objekt- Konzeption, Transformation und Transition vom Gebrauchsgut ausgehend" werde ich mich nach einführenden Definitionen zunächst mit einem kurzen historischen Abriss der Entstehung und Veränderung des musealen Objektes befassen. Daran anknüpfend werde ich auf seine heutige Konzeption, seine Charakteristika und Aufgaben innerhalb eines Museums zu sprechen kommen und der Frage nachgehen, wie ein Gebrauchsgut zu einem musealen Objekt wird. Hierzu werde ich mich zunächst mit dem Objekt als Quelle, Träger und Vermittler von Information beschäftigen und die Frage nach Originalität und Authentizität klären. Anschließend werde ich das Objekt in seiner Rolle als Wissensquelle sowie als Dokument und Datenträger darstellen und von dort auf die Frage der Kontextbeziehung überleiten. Zum Schluss werde ich noch auf Musealien als Zeichen und auf Ersatzobjekte zu sprechen kommen. In meinem Fazit werde ich versuchen, eine mir sinnvoll erscheinende Definition von musealem Objekt zu geben und auf den heutigen Umgang mit ihm anhand eines Beispiels eingehen.

2. Einführende Definitionen

Nach Angela Zieger (2002: 103) ist „die Museologie eine umstrittene Wissenschaft". Die Frage nach einer genauen Definition kann nicht beantwortet werden, da sie wie die Institution Museum und der gesellschaftliche Kontext dem Wandel unterworfen war und ist. Seit der Gründung von ICOFOM (International Committee for Museology) unter dem Dach von ICOM (International Council for Museums) im Jahre 1976 versuchten führende europäische Museologen zu einer Definition ihres Wissenschaftsgebietes zu kommen, was ihnen jedoch noch nicht gelang. Der schwedische Archäologe Vinos Sofka führte 1980 als damaliger ICOFOM-Präsident die Zeitschrift „Museological Working Papers" ein, welche sich in ihrer ersten Ausgabe ausschließlich der Frage „Was ist Musealität?" widmete. Diese wurde allen 176 internationalen ICOM-Verbänden vorgelegt; zurückgesandt wurden nur fünfzehn, was darauf hindeutete, dass es nur ein sehr geringes Bewusstsein für die Problematik gab und die zurückgesandten Antworten zeigten, mit welch enormer Unsicherheit die Definition von Museologie getroffen wurde. Klaus Schreiner aus Alt Schwerin sah Museologie als „a historically grown social-scientific discipline, dealing with laws, principles, structures and methods of the complex process of acquiring, preserving, decoding, researching and exhibiting selected moveable original objects of nature and society as primary sources of knowledge, which creates the theoretical base for museum work and museum system with the aid of generalized and systematized experience" (Zieger 2002: 104).

Der Erkenntnisgegenstand der Museologie ist nach Friedrich Waidacher (1993: 38) die Musealität, worunter er „eine besondere erkennende und wertende Beziehung des Menschen zur Wirklichkeit" versteht. Im nachfolgenden Abschnitt werde ich nun versuchen, den Wandel zu erklären, welchen die Museologie seit ihrer Entstehung durchlaufen hat und mich hierbei besonders auf das museale Objekt fokusieren.

3. Kurzer historischer Abriss der Entstehung und Veränderung des musealen Objekts

Peter van Mensch schlägt in seiner Dissertation (1992) vor, die Geschichte der Museologie in drei Phasen zu unterteilen, welchen 1998 von Ivo Maroevic eine vierte Phase hinzugefügt wurde. Die Geschichte der Museologie ist demzufolge eingeordnet in die Anfangsphase museologischen Denkens bis 1900, die vorwissenschaftliche Phase von 1900 bis 1934, die empirisch-deskriptive Phase von 1934 bis 1976 und die theoretisch-synthetische Phase von 1976 bis in die Gegenwart. Die erste Phase wird nach Maroevic (1998) eingeleitet durch die Renaissance, da hier erstmals der Begriff „Museum" zur Benennung der fürstlichen Sammlung von Lorenzo Magnifico de Medici verwendet wurde. Die „systematische Klassifizierung der Dinge und ihre Zusammenstellung in gleichartige Gruppen" (Zieger 2002: 106) galt hierbei als der wichtigste Schritt beim Prozess des Sammelns. Die besonderen Qualitäten der gesammelten Objekte, welche man ursprünglich „res naturalis" und „res artificialia" nannte, wurden als kunstvoll und wunderbar beschrieben. Im Laufe des 17. Jh. wurden diese Objekte um die Attribute ursprünglich, wesentlich und wahrhaft erweitert, welche bis in das 18. Jh. als charakteristisch angesehen wurden. Die Objekte wurden als Seltenheiten empfunden, „die alles das besitzen, was für die Erkenntnis wichtig ist" (Flügel 2005: 26), doch genügten diese sehr generalisierenden Objektqualitäten zu Beginn des 19. Jh nicht mehr. Im Laufe der sich hier vollziehenden Ausbreitung und Spezialisierung von Fachwissenschaften ging man dazu über, die ihm eigene fachwissenschaftliche Benennung zu verwenden und den übergeordnete Begriff „Sammlungsgegenstand" zu benutzen. Was man heute unter einem musealen Objekt versteht, welche Charakteristika es beinhaltet und welche Aufgaben ihm zugeschrieben werden, werde ich nun darlegen.

4. Das museale Objekt

Die genaue Definition, was ein museales Objekt ausmacht, ist ein zentrales Problem der Museologie. Der Terminus Musealisierung von dem sich museal ableiten lässt, charakterisiert zunächst „ein Phänomen, das (...) mit Geschichtsliebe umschrieben werden kann" (Sturm 19991: 11). Man versteht hierunter die Sehnsucht nach der Vergangenheit, welche sich im Sammeln von Zeugnissen und Hinterlassenschaften ausdrückt. Geschichtsphilosophen und Soziologen wie Jean Baudrillard und Henri Pierre Jeudy haben die These aufgestellt, „Musealisierung sei als Ausdruck einer besonderen Affinität zur Historie zu betrachten" (Flügel 2005: 23), welche sich auch außerhalb des Museums ereignet. Nach der Kompensationstheorie von Joachim Ritter (1903-1974) ist die „weit verbreitete Liebe zu den ‚alten Dingen' ein akutes Bedürfnis der bürgerlich-industriellen Gesellschaft, eine Gegenwart zu kompensieren, die sich durch Traditionsverlust, Geschichtslosigkeit, kurzum durch einen fehlenden historischen Sinn auszeichnet" (Flügel 2005: 23). Diesen Verlust gilt es auszugleichen und es entsteht das Bedürfnis die Vergangenheit festzuhalten, sie sichtbar zu machen und sie wieder herzustellen. Hermann Lübbe hat diese Theorie von Ritter aufgegriffen, jedoch spricht er „von zwei Kulturen, die nicht mehr miteinander harmonisieren" (Flügel 2005: 23), welche er als die geschichtliche und die ungeschichtliche Kultur definiert. Durch die immer schnellere gesellschaftliche Entwicklung der Gegenwart entfernen wir uns immer mehr von unseren geschichtlichen Kulturen (unseren Herkunftskulturen) und entfremden uns. Es findet eine Überlagerung der geschichtlichen durch die ungeschichtliche Kultur statt, was zu einem beschleunigenden Alterungsprozesses der von uns produzierten Dinge führt. Nach Lübbe muss das Museum hier als ein Ort agieren, „an dem Relikte der Kulturen vor der Vernichtung bewahrt werden können" (Flügel 2005: 24)- es kann sogar als „Rettungsanstalt" nach Sturm (1991) angesehen werden. Stránský versteht unter Musealisierung „die museale Auseinandersetzung mit der Realität" (Flügel 2005: 24), welche nicht ortsgebunden ist. Einrichtungen wie ein Museum sind zu einem Mittel der Realisierung einer spezifischen Beziehung zur Wirklichkeit geworden: Der Mensch nimmt sich aus seiner Umgebung die Objekte heraus, welche für ihn gewisse Werte repräsentieren. Diese bewahrt er auf, um sie in einem neuen Kontext als eine Art kulturbildende Faktoren zu zeigen. Er wehrt sich also gegen die ständige Veränderung seiner Umwelt und auch gegen ihren ständigen Untergang- er bildet ein sachliches Gedächtnis. Stránský betont, dass diese Musealität zwar an einen Träger gebunden ist, nicht aber als seine

Eigenschaft bezeichnet werden kann, da sie erst im Laufe des musealen Erkenntnisprozesses entsteht und so ist sie eher „Ausdruck einer Subjekt-Objekt-Beziehung, einer Beziehung zwischen Mensch und Ding" (Flügel 2005: 25). Die Bedeutung des Objektes wird also dechiffriert und in die gegenwärtige Welt integriert; somit ist es niemals nur Teil der Vergangenheit sondern auch immer Teil der Gegenwart. Durch die Musealisierung verliert es seine ursprünglichen Zusammenhänge, welche jedoch durch neue kompensiert werden. Im nächsten Abschnitt werde ich mich nun mit den einzelnen Aspekten des als museal definierten Objektes widmen.

4.1   Quelle, Träger und Vermittler von Information

Das Objekt kann als absolute Quelle gesehen werden, da die Informationen, die es beinhaltet ein immanenter Teil seines Selbst sind. Der komplette Prozess der Kommunikation zwischen Objekt und Betrachter „depends on the ability, knowledge, and sensibility of the person to discover and receive" (Maroevic 1998: 166) diese Informationen und wenn möglich, diese festzuhalten, damit die Nachfolgenden einen leichteren Zugang zu ihnen haben. Das Objekt gilt weiter als eine Quelle immer neuer Information, da es durch verschiedene Betrachter mit unterschiedlichem Hintergrund (Zeit, Alter, Erziehung, Kultur) eine unendliche Menge an Interpretationen zulässt. Durch seine äußere Form vermittelt es nicht nur Struktur und Form sondern auch etwas „about the level of human knowledge at the time it was made" (Maroevic 1998: 167), sowie über die Personen, die es gefertigt haben. All diese verschiedenen Informationen sind in der Gestalt des Objektes ineinander verwoben und diese gilt es ausfindig zu machen. Konträr zu diesem kontinuierlichen Generieren von neuen Informationen steht die Aussendung von Information, welche dem Objekt seine charakteristischen Fähigkeiten als ein Kommunikationsmedium verleiht. Dieser Transfer kann stattfinden von Objekt zu Person, von Person zu Person oder von Zeit zu Zeit. Peter van Mensch (1992) entdeckte diese Dualität des Objektes als eine Quelle von Information und gleichzeitig als ein Transfermedium dieser. Die Aussendung kann in einem direkten Dialog zwischen Betrachter und Objekt stattfinden, welcher mit der Zeit jedoch begrenzt wird und Experten vorbehalten ist. Diese bauen bei der Untersuchung eine Beziehung zu dem Objekt auf und durch diese sowie durch die Investition von Zeit und Wissen auf der einen und Informationen auf der anderen Seite, wird der Wert des Objektes geschaffen. Andere Formen der Wissensaussendung sind die Publikation von Forschungsergebnissen oder die Ausstellung; bei letzterem ist das Objekt gleichzeitig Quelle und Transfermedium. Es spricht hier sowohl als Subjekt der Ausstellung (als Einzelnes) als auch als ein Teil des Ganzen und kann somit verschiedene Nachrichten aussenden. Inwieweit man von dem Objekt als original oder authentisch sprechen kann, werde ich nun zeigen.

4.2 Originalität und Authentizität

Nach Waidacher (1993) muss das Musealobjekt für die Tatsache authentisch sein, für die es ein Zeugnis ist. Dieser Nachweis, welcher direkt und unmittelbar ist, kann nur dann vorhanden sein, wenn das Objekt Bestandteil eines solchen Vorganges war; ein „Sachzeuge der Geschichte" (Waidacher 1993: 152) kann es jedoch nicht sein, sondern immer nur Bestandteil und Zeugnis eines Geschichtskonstrukts. Die Unterscheidung von Originalität und Authentizität ist folgende: Originalität ist nur für die Erforschung des Ursprungs des Objektes von Bedeutung, da es eine Eigenschaft desselbigen ist; Authentizität allerdings hängt von dem Verhältnis ab, welches das Objekt zum Vorgang hat. Authentizität geht also nicht wie Originalität aus dem Objekt allein hervor, sondern muss durch einen eigenen wissenschaftlichen Erkenntnisvorgang aufgedeckt und nachgewiesen werden. Bei der Selektion von Musealien wird nicht Originalität sondern Authentizität angestrebt, da diese „ihre jeweilige Bedeutung erfahren und verändern (...) und danach die Immanenz eines sich selbst modifizierenden Kommunikationsspiels [bezeichnen]" (Waidacher 1993: 153). Darunter versteht man, dass die Bedeutungen von authentischen Zeichenphänomenen in einer aktiv bestehenden sozialen Kommunikation verhandelt werden. Die Authentizität, in der man sich selbst bewegt, bemerkt man nicht- es scheint, als sei Authentizität stets eine Qualität von Vergangenem. Sie ist etwas unwiederholbar Vergangenes, welches man erlebt hat ohne sich dessen in diesem Moment bewusst zu sein, woraus man schließen kann, dass „Authentizität (...) immer schon und für immer verloren [ist]" (Waidacher 1993: 170). Alles, was wir heute als authentisches Stück Vergangenheit empfinden, war zu seiner Zeit ein Stück Moderne. Originale fungieren überall dort, wo authentische Objekte nicht verfügbar sind in der Rolle von physisch identischen und damit bestmöglichsten Stellvertretern. Im nächsten Abschnitt werde ich die Rolle des musealen Objektes als Wissensquelle näher darstellen.

4.3 Wissensquelle

Das museale Objekt hat den Wert einer Wissensquelle und existiert im musealen Kontext gewöhnlicht nicht als ein einzelnes Objekt. Es wird in Beziehung zu anderen gesetzt, wodurch

Interdependenzen zwischen Objekten einer Sammlung entstehen. Diese als Ganze ist dem Objekt übergeordnet und es selbst ist nur ein Teil davon. Die Interdependenzen der Objekte in einer Sammlung „points to the multitude of interactional links among objects, and at the same time to the wider mutual linkage among individual collections within a museum" (Maroevic1998: 170). Von primärem dokumentarischem Interesse ist die materielle Form des Objektes, die Technologie mit der es hergestellt wurde und sein Gebrauch, wodurch es Wert erhalten hat. Das Objekt hat auch immer eine soziale Funktion, welche von einer direkten bis hin zu einer symbolischen Benutzung variieren kann. Es kann in seiner äußeren Form nicht-materielle Merkmale repräsentieren und geht so über die Trennung von Realität und Museum hinaus, wobei es in letzterem nicht nur als Quelle von Information dient sondern auch als Ressource des Verstehens und des Wissens. Das Objekt kann verschiedene Identitäten (van Mensch 1989) annehmen: die konzeptuelle, die faktische, die wirkliche, die strukturelle und die funktionelle Identität. Das Wissen steckt im Objekt und seiner physikalischen Struktur, durch die es mitgeteilt wird. Um dieses zu erhalten bedarf es nach Stránský einer „secondary documentation because the object is the primary document of reality"(Maroevic 1998: 173), in welcher die Qualitäten des Objektes aufgelistet werden. Sie wird als fundamental und interpretativ beschrieben und identifiziert zwei Arten von Objekten- solche, die nur noch im Museum überleben können und solche, die aus ihrem Umfeld genommen werden müssen, damit man sie genauer untersuchen kann. Es werden im Museum zwei Arten von Wissen über die Objekte formuliert: ihre Dokumentation und ihre Interpretation. Dies ist das Ergebnis von Forschung und wird durch Ausstellungen anderen mitgeteilt. Ein weiterer Aspekt des musealen Objektes ist seine Tätigkeit als Dokument oder Datenträger, welche ich nun vorstellen werde.

4.4 Dokument oder Datenträger

Stránský bezeichnete schon 1970 das Museumsobjekt als ein Dokument der Realität, aus der heraus es in den Museumskontext gekommen ist. Gleichzeitig ist es jedoch auch ein „a piece of heritage, (...) a real object whose form and material document the reality in which it originally appeared, in which it lived and with which it has reached the present time" (Maroevic 1998: 178). Durch diese frühere Existenz hat das Objekt eine große Datenmenge angesammelt, welche es charakterisiert und sich in seiner semantischen und physischen Form ausdrückt. Diese Daten leben solange das Objekt existiert und können vom Betrachter gelesen und entdeckt werden- sie teilen sich innerhalb des museologischen Kontexts jedoch auch selbst mit. Ein Objekt kann als Dokument in dem Sinne bezeichnet werden, da hier die Schrift wegfällt und die verbale Sprache ersetzt wird durch die Sprache der Formen und die Sprache des Materials, aus dem das Objekt besteht. Nach Pearce (1986) hat das Objekt vier Schlüsseleigenschaften: sein Material, seine Geschichte, seine Umwelt und seine Bedeutung; durch diese drückt es seine Nachricht aus und wird eine Art Dokument der Realität, in der es gelebt hat. Peter van Mensch (1992) sah das Objekt einmal als Informationsquelle und auf der anderen Seite aber auch als ein Transfermedium. Er unterschied drei Datenebenen (die physikalische, die funktionale und die relationale Ebene) anhand derer er ein Museumsobjekt analysierte und schrieb dem Objekt drei verschiedene Identitäten zu: die konzeptuelle, die faktische und die wirkliche, welche er noch durch die strukturelle und die funktionale erweiterte. Die ersten zwei werden als statisch angesehen, wobei die letzteren sich durchaus ändern können. Das Museumsobjekt wird zum IN-DOC (information/documentation) Objekt, da es Informationen und Dokumente von verschiedenen Realitäten sammelt, durch die es hindurchgegangen ist. Im Museum handelt es als ein Objekt „that transmit messages contained in its documentary structure" (Maroevic 1998: 181). Die strukturelle Identität ist die Summe seiner physikalischen Eigenschaften, welche durch unsere Sinne erkannt werden und in drei Gruppen eingeteilt werden können: nach den Prinzipien der Intention, der Wahrnehmung und der Entwicklung (van Mensch 1992). Peter van Mensch untersuchte die Beziehung zwischen den ersten (faktischen) und den sekundären (entwickelten) Daten des Objektes sowie die Beziehung zwischen der faktischen und der wirklichen Identität. Er fand heraus, dass ein Objekt noch immer dasselbe sein kann, auch wenn sich seine strukturelle Identität komplett geändert hat und schrieb dies „on the basis of its spatial-temporal continuity" (van Mensch 1992: 156). Sollte dies stimmen, ist die Idee das Objektes der entscheidende Faktor und nicht die Materie, aus der es besteht. Versucht man eine frühere Stufe der strukturellen Identität zu verändern, verändert man damit bedeutend den dokumentarischen Wert des Objekts. Diesen Akt kann man als eigenmächtig beschreiben, welcher die Vergangenheit teilweise in die Gegenwart integriert. Das Objekt als Dokument wird dadurch komplexer. Die funktionale Identität ist die zweite Achse anhand der das Leben und die Entwicklung des Objektes beobachtet werden kann. Technologische und psychologische Veralterungen sind als Faktoren bekannt, welche ein Objekt aus dem Gebrauch in der Gegenwart aussortieren und es nur dann wieder benutzt wird, wenn es sich anpasst oder modernisiert wird. Ist es verändert, vermag es selbst den Kontext verändern und in einem neuen Kontext eine neue Funktion zu erhalten. Die strukturelle Identität „often suffers a discontinuity" (Maroevic 1998: 184), wenn das Objekt nur teilweise in einer neuen

Funktion genutzt wird oder auch nur Teile von ihm. Man kann nicht länger von demselben Objekt sprechen, wenn seine strukturelle (und auch funktionale) Identität vollständig verändert wurde. Die Beziehung zwischen der funktionalen und der strukturellen Identität des Objektes „is a vertical link holding together its conceptual, factual, and actual identity, making it possible to regard the emergence, life, history, and development of the object as a product of human intention" (Maroevic 1998: 184). Das Objekt ist ein Dokument seiner eigenen Entwicklung und aller externen Einflüsse, welche diese bedingt haben. Museumsobjekte haben eine besondere Aufgabe- sie dienen als Wissensquelle über die menschliche Kreativität, Kultur und Zivilisation zu ihrer Lebenszeit und der Museumskontext gibt ihnen eine neue dokumentarische Bedeutung, da sie in ihm eingefroren werden. Der Frage nach den Kontexten werde ich nun nachgehen.

4.5   Kontextbeziehungen

Es gibt drei Kontexte, in denen sich Objekte befinden können: der Primärkontext, der Sekundärkontext und der archäologische oder paläontologische Interimkontext (Peter van Mensch 1988). Kontext ist hier zu verstehen als „a special plane, that provides the meeting ground for the environment and the sets of relationships that appear or apply in that environment" (van Mensch 1992: 161). Jeder der drei oben genannten Kontexte ist eine Kombination von einer physikalischen und einer konzeptuellen Umwelt, wobei die physikalische die räumliche Komponente und die konzeptuelle die soziale Komponente repräsentiert, welche beide in chronologischer und in sozialer Zeit präsent sind.

Der Primärkontext ist der am häufigsten vorkommende Typ und wird bestimmt durch die Funktion von Produktion, Gebrauch und Instandhaltung des Objektes. Objekte werden hier meistens als Gebrauchsgut gesehen und ändern somit oft „their purpose, owner, and/or state, with the consequent increase or decrease of their significance" (Maroevic 1998: 185). Hier erhalten die Objekte ihre Eigenschaften, welche sie später zu einem Dokument dieser bestimmten Realität, aus der sie in das Museum gebracht werden, ermächtigen. Der primäre Kontext bereitet das Objekt auf seine Transition in den museologischen (sekundären) Kontext vor, sammelt seinen dokumentarischen Wert für die ihn umgebende Umwelt, absorbiert seine physikalische oder konzeptuelle Struktur in seine eigene Struktur und macht sich selbst bereit für die willkürliche, menschliche Wahl, welche ihm besonderen sozialen Wert verleiht.

Der archäologische Kontext „represents a temporary or permanent depository of discarded objects" (Maroevic 1998: 186). Das Objekt befindet sich hier einem eingefrorenen Zustand zu einem bestimmten historischen Zeitpunkt und erhält keinen neuen dokumentarischen Wert mehr- es kann seine Identität nicht mehr verändern und ist entweder konserviert oder es zerfällt. Die chronologische Zeit verändert sich während die historische Zeit des Objekts in ihm gleich bleibt; dies ist der Grund, wieso die Transition von diesem Kontext in den museologischen Kontext eine logische und unvermeidbare Konsequenz des angesammelten Wert des Objektes ist. Der museologische Kontext beschützt die Objekte, was die intensive Untersuchung und Kommunikation ihrer Werte zur Grundlage hat. Sind sie erst einmal im Museum, haben die Objekte ihre ehemalige Funktion verloren und eine neue erhalten- die der informationellen und der kommunikativen. Kontextveränderungen sind in der Regel einseitig von dem primären hin zum archäologischen und dann in den museologischen Kontext oder vom archäologischen in den museologischen. Veränderungen im Primärkontext haben eine Beschleunigung oder Verzögerung in der Bewegung hin zu den anderen Kontexten zur Folge. Die Verschiebung vom Primärkontext in den archäologischen „is due to functional degration" (Maroevic 1998: 187), wobei der soziale Tod eines Objekts nicht zwingend seinen physikalischen Tod bedeutet. Der Übergang vom primären über den archäologischen hin zum museologischen Kontext erfordert die Institutionalisierung des Objekts, da hier Experten benötigt werden, welche den Benutzern bei diesem Prozess zur Seite stehen mit ihrem Wissen aus anderen Disziplinen. Ihnen ist es möglich, die Objekte auszuwählen, welche in Musealien transformiert werden. Diese Transition kann auch von anderen Orten in den museologischen Kontext erfolgen, wie im „open space, involving cultural heritage, but with a differently conceived museological context" (Maroevic 1998: 187). Es strömen viel mehr Objekte in den museologischen Kontext als aus ihm heraus, was sowohl im Tempo als auch in der Richtung von verschiedenen sozialen Faktoren abhängig ist, welche politischer, militärischer, kultureller und wirtschaftlicher Natur sind. Durch das Ansteigen dieses Zustroms werden neue Bewertungskriterien angesetzt und somit werden Objekte auch wieder aus dem sekundären Kontext entfernt- sie werden wieder zu Gebrauchsgütern, werden zu einem neuen Element der materiellen Welt, welches im Alltag gebraucht wird. Stránský (1974: 36) erkannte, dass die „musealization involves a loss of information on the level of the context (primary or archeological)" und dass die Bedeutung eines Objekts als ein Dokument davon abhängt, ob eine Balance zwischen den primären und den sekundären Daten gegeben ist und ob der Grad der Kompensation durch eine angemessene Dokumentation die verlorenen physikalischen und kontextuellen Daten ausgleicht. Er geht auf das Model von W. Dunger ein, welches den Informationsverlust während der Musealisierung darstellt und von Peter van

Mensch 1992 erweitert wurde. Ob Musealien auch als Zeichen verstanden werden können, werde ich nun erörtern.

4.6 Musealien als Zeichen

Nach Pearce (1990) wirken Objekte als Zeichen, wenn sie für das Ganze stehen, von dem sie ein Teil sind. Werden sie jedoch willkürlich in eine Beziehung mit Elementen gebracht, zu denen sie keine wesentliche Verwandtschaft haben, wirken sie als Symbol. Die Wahrnehmung der Musealität ist „einerseits an die[se] Zeichen- oder Symbolnatur, also an die informative Seite des Objektes gebunden" (Waidacher 1993: 153), andererseits wird sie auch durch die wertende Einstellung bedingt. Musealen besitzen ihre Bedeutung nicht an sich- sie wird ihnen erst zugeschrieben und sie erhalten erst dann gesellschaftliche Bedeutung, wenn über diese Zuschreibung ein Konsens innerhalb der Gesellschaft besteht. Bedeutung ist somit nicht fixiert, sondern veränderbar und wird erst in der Wechselwirkung zwischen Beobachter und Objekt real. Diese Interaktion kann jedoch nur in einem von der Gesellschaft unanfechtbaren Rahmen erfolgen. An der Schaffung von Bedeutung im Musealkontext sind zwei Akteure beteiligt: die Gesellschaft, welche als Urheber der primären Objektbedeutung agiert hat und die, in welcher das Objekt zur Musealie geworden ist. Die Bedeutung des Objektes kann in diesen zwei Gesellschaften komplett verschieden sein, was auch häufig der Fall ist. Nach Taborsky (1990) kann das Objekt drei verschiedenen Bedeutungsformen annehmen: das *Qualisign*, das *Sinsign* und das *Legisign*. Unter Ersterem versteht man das Zeichen als Qualität und nicht als Bedeutung und erlebt es primär und unreflektiert. Als *Sinsign* versteht man ein Zeichen, welches als klares, tatsächliches und distinkt existierendes Ding oder Ereignis besteht und als *Legisign* steht das Zeichen als tertiäre Existenz innerhalb einer sozialen Gruppe. Diese drei Formen haben Wechselwirkungen, welche es in der musealen Arbeit zu nutzen gilt. Auch existiert das museale Objekt nicht als eine festgelegte und über die Zeit hinweg stabile Ganzheit, sondern steht in Wechselbeziehungen mit Menschen, wodurch es seinen Wert verändern kann. Tsuruta (1984: 29) schlägt statt des Terminus Museumsobjekt den des „Museumsmaterials" vor, da dies „in seiner Gesamtheit (...) die synthetische Summe von Formen und Funktionen mit ihrer Umgebung sein [sollte]". Er unterscheidet hier in zwei Materialgruppen: primäres Museumsmaterial (Gesamtheit des Sammlungsfundus) und sekundäres Museumsmaterial (alles übrige, was im Museum öffentlich verfügbar ist). Diese Subsummierung von Objekten anderer Qualitäten und Originalen ist jedoch riskant, da hierdurch die Unterscheidung zwischen musealer Tätigkeit und anderem nichtmusealen Sammeln, Forschen und Präsentieren erschwert wird. Eine andere Art Objekt lässt sich noch im Museum finden- das Ersatzobjekt, welches nun noch vorgestellt wird.

4.7 Ersatzobjekte

Hierunter fallen all jene Objekte, welche weder authentisch noch original sind, doch trotzdem unverzichtbar: die Substitute. Diese werden in enger Verbindung mit den Musealien dort eingesetzt, wo es um Kommunikation von authentischen Zusammenhängen geht. Stránský (1986) versteht unter einem Substitut „ein Ding, das ein anderes in einer bestimmten Verwendung ersetzt" und sowohl als Stellvertretung, Ergänzung, Ersatz, Erinnerung, Verbreitung und Gebrauch fungiert. Dies geschieht in verschiedenen Formen wie der Kopie, der Faksimile, der Reproduktion, des Abgusses, der Imitation, der Rekonstruktion, des Modells und der Maquette. All diese Substituten bieten nach Glunzinski (1985: 45) im Vergleich mit dem Original „nur ein sehr armes Repertoire von Werten" und es ist „unter Originalen so fremd und fehl am Platz wie eine künstliche Blume in einem Strauß lebender Blumen". Aufgrund seiner oberflächlichen Erscheinung, richtet es sich nur an den Verstand und ist nicht in der Lage die Gefühle der Betrachter anzusprechen. Es beinhaltet keine geschichtliche Zeugenschaft und folglich auch keine Autorität- es fehlt dem Substitut an der Aura als „einmalige Erscheinung einer Ferne, so nah sie sein mag" (Benjamin 1962:16). Die gemeinsame unterschiedlose Präsentation von Substituten und Originalen sollte vermieden werden, damit sie nicht verwechselt werden und den Betrachter zu Fehlschlüssen verleiten.

5. Fazit

Das museale Objekt hat wie ich aufgezeigt habe, sehr viele unterschiedliche Aufgaben und Aspekte, die auf den ersten Blick nicht sichtbar sind. Anhand eines Beispiels hoffe ich, sie alle noch einmal zu verdeutlichen und aufzuzeigen, was ich unter einem musealen Objekt in der heutigen Zeit verstehe.

Zurzeit findet in Kassel zum zwölften Mal die wohl weltweit bedeutendste Ausstellung zeitgenössischer Kunst statt- die Documenta. Unter Leitung von Roger M. Buergel und Ruth Noack findet man in dem großen Saal der Documenta- Halle eine auf dem boden liegende ausgestopfte Giraffe- Brownie. Kann man Brownie als ein museales Objekt begreifen und hat er überhaupt einen musealen Wert, der ihn zum Ausgestellt-werden berechtigt? Wofür steht Brownie? Allem voran sieht man zunächst das Tier Giraffe, welches man mit Afrika, exotisch und anderen biologischen Aspekten assoziiert. Dies jedoch soll nicht ausgedrückt werden; man erfährt weiter, dass das Tier in einem Zoo im Westjordanland seit 1986 gelebt hat und während einer militärischen Auseinandersetzung nahe seines Geheges dermaßen in Panik geriet, dass es sich verletzte und starb. Der Künstler Peter Friedl zeigt Brownie, da er auf den Dauerkonflikt zwischen Israelis und Palästinensern und auf die Opfer, die daraus hervorgehen- sowohl Menschen als auch Tiere aufmerksam machen will. Brownie wird zu einem Mahnmal und Sinnbild für diese. Kann Brownie nun als ein museales Objekt verstanden werden und wie definiert man dieses? Dies erweist sich hier als ein zentrales Problem, da man sich, wie vorher schon erörtert, die Frage stellen muss, „was mit dem Objekt im Verlauf dieses [Musealisierungs-]Prozesses geschieht und wie er sich auf das Objekt selbst auswirkt" (Flügel 2005: 25). Die Giraffe Brownie wurde nicht nur einer Kontextänderung unterzogen, sondern auch einer Änderung ihres Funktionszusammenhanges. Ihre ursprüngliche Bedeutung Giraffe/Tier wurde zurückgedrängt und sie hat eine neue erhalten- die als Mahnmal für den Krieg zwischen Israelis und Palästinensern. Ihr wurde ein neuer Sinn zugewiesen und sie hat somit eine neue semantische Dimension und nach Flügel (2005: 26) „mithin eine neue Qualität des Seins" erlangt. Brownie ist in meinen Augen in der Hinsicht ein museales Objekt, da er sehr wohl ein Träger und Vermittler von Information ist, jedoch kann man seine Aussagekraft nur mit Hintergrundwissen verstehen. Er ist kein museales Objekt für die Darstellung einer Giraffe per se, wobei er dies auch gar nicht fordert. Der Künstler will den Anspruch auf Authentizität gar nicht erfüllen und er will Brownie auch nicht als Wissensquelle für die Biologie. Vielmehr will er ein Dokument für die Realität eines

Krieges schaffen, welcher zu wenig Aufmerksamkeit erhält und Brownie fungiert hier als ein Datenträger.

In wie weit dieses Beispiel passend ist, kann man diskutieren- für mich jedoch trifft es genau zu. Brownie ist ein museales Objekt mit der Ausnahme, dass es nicht in eine Sammlung integriert werden kann, da es für sich alleine aussagekräftig genug ist und man auch nicht von einer Wissensquelle sprechen kann, da Brownie keine Informationen seiner Funktion als Mahnmal enthält. Jedoch finde ich das in der heutigen Zeit gar keine so klare Linie mehr zu ziehen ist zwischen einem Kunst- und einem musealen Objekt; hier findet vielmehr eine Vermischung statt und ein Objekt kann sehr wohl beides sein, was Brownie für mich sehr gut verkörpert.

6. Literaturverzeichnis

AP 2007. *Documenta: Die Giraffe im Reich der tausend Stühle.* http://www.net-tribune.de/article/150607-83.php (09.07.2007)

Benjamin, Walter 2003. *Das Kunstwerk im Zeitalter seiner technischen Reproduzierbarkeit.* Frankfurt/Main: Suhrkamp.

Bienert, Andreas 2002. Die digitalisierte Sammlung. In Hubert Locher, Beat Wyss, Bärbel Küster und Angela Ziegler (Hg.), *Museen als Medien. Medien in Museen. Perspektiven der Museologie.* München: Dr. C. Müller-Straten, S. 44-58.

Flügel, Katharina 2005. *Einführung in die Museologie.* Darmstadt: Wissenschaftliche Buchgesellschaft.

Gluzinski, W. 1985. Original versus substitutes. *ICOFOM Study Series* 8: S. 41-47.

Gorgus, Nina 1999. *Der Zauberer der Vitrinen. Zur Museologie Georges Henri Rivières.* Münster: Waxmann Verlag GmbH.

Herbst, Wolfgang und Levykin, K. 1988. *Museologie. Theoretische Grundlagen und Methodik der Arbeit in Geschichtsmuseen.* Berlin: VEB Deutscher Verlag der Wissenschaften.

Herles, Diethard 1996. *Das Museum und die Dinge: Wissenschaft, Präsentation, Pädagogik.* Frankfurt/Main; New York: Campus Verlag.

Jacob, Frank-Dietrich 19995. Museologen und historische Quellenkunden. In Katharina Flügel und Arnold Vogt (Hg.), *Museologie als Wissenschaft und Beruf in der modernen Welt.* Weimar: Verlag und Datenbank für Geisteswissenschaften, S.115-125.

Maroevic, Ivo 1998. *Introduction to Museology- the European Approach*. München: Verlag Dr. Christian Müller-Straten.

Mensch, Peter van 1992. *Towards a methodology of museology*. PhD thesis, Universität Zagreb.

Pearce, S. 1986. Thinking about things. *Museums Journal* 85 (4): 198-201.

Schwarze, Dirk 2007. *Eine Giraffe als Opfer der Panik*. http://www.hna.de/documentastart/00_20070522205448_Eine_Giraffe_als_Opfer_der_Panik. html (09.07.2007).

Stránský, Zbynek 1974. Methodological Questions of the Documentation of the Present Time. *Muzeologicke sesity* 5: S. 13-43

Stránský, Zbynek 1995. Museologie als selbständige Wissenschaft. In Katharina Flügel und Arnold Vogt (Hg.), *Museologie als Wissenschaft und Beruf in der modernen Welt*. Weimar: Verlag und Datenbank für Geisteswissenschaften, S. 10-29.

Sturm, Eva 1991. *Konservierte Welt. Museum und Musealisierung*. Berlin: Reimer.

Tsuruta, S. 1984. Proposal for the museum materia- environment system". *ICOFOM Study Series* 6: S. 29-39.

Waidacher, Friedrich 1993. *Handbuch der Allgemeinen Museologie*. Wien: Böhlau Verlag.

Ziegler, Angela 2002. Die Wissenschaft vom Museum: Theorie der Museumspraxis. In Hubert Locher, Beat Wyss, Bärbel Küster und Angela Ziegler (Hg.), *Museen als Medien. Medien in Museen. Perspektiven der Museologie*. München: Dr. C. Müller-Straten, S. 103-116.